# 一笑亡国——褒姒

◎◎ 主编 金开诚

◎ 编著 谢 冰

吉林文史出版社

吉林出版集团有限责任公司

图书在版编目（CIP）数据

　　一笑亡国——褒姒 / 谢冰编著 . —长春：吉林出
版集团有限责任公司：吉林文史出版社，2010.11（2022.1重印）
　　ISBN 978-7-5463-3972-6

　　Ⅰ . ①一… Ⅱ . ①谢… Ⅲ . ①褒姒 – 传记 Ⅳ .
① K828.5

　　中国版本图书馆 CIP 数据核字（2010）第 217629 号

# 一笑亡国——褒姒

**YIXIAO WANGGUO BAOSI**

主编／ 金开诚 编著／谢 冰

项目负责／崔博华 责任编辑／崔博华 刘姝君

责任校对／刘姝君 装帧设计／柳甬泽 王丽洁

出版发行／吉林文史出版社 吉林出版集团有限责任公司

地址／长春市人民大街4646号 邮编／130021

电话／0431-86037503 传真／0431-86037589

印刷／三河市金兆印刷装订有限公司

版次／2010 年 11 月第 1 版 2022 年 1 月第 6 次印刷

开本／650mm×960mm 1/16

印张／9 字数／30千

书号／ISBN 978-7-5463-3972-6

定价／34.80元

# 前　言

　　文化是一种社会现象，是人类物质文明和精神文明有机融合的产物；同时又是一种历史现象，是社会的历史沉积。当今世界，随着经济全球化进程的加快，人们也越来越重视本民族的文化。我们只有加强对本民族文化的继承和创新，才能更好地弘扬民族精神，增强民族凝聚力。历史经验告诉我们，任何一个民族要想屹立于世界民族之林，必须具有自尊、自信、自强的民族意识。文化是维系一个民族生存和发展的强大动力。一个民族的存在依赖文化，文化的解体就是一个民族的消亡。

　　随着我国综合国力的日益强大，广大民众对重塑民族自尊心和自豪感的愿望日益迫切。作为民族大家庭中的一员，将源远流长、博大精深的中国文化继承并传播给广大群众，特别是青年一代，是我们出版人义不容辞的责任。

　　本套丛书是由吉林文史出版社和吉林出版集团有限责任公司组织国内知名专家学者编写的一套旨在传播中华五千年优秀传统文化，提高全民文化修养的大型知识读本。该书在深入挖掘和整理中华优秀传统文化成果的同时，结合社会发展，注入了时代精神。书中优美生动的文字、简明通俗的语言、图文并茂的形式，把中国文化中的物态文化、制度文化、行为文化、精神文化等知识要点全面展示给读者。点点滴滴的文化知识仿佛颗颗繁星，组成了灿烂辉煌的中国文化的天穹。

　　希望本书能为弘扬中华五千年优秀传统文化、增强各民族团结、构建社会主义和谐社会尽一份绵薄之力，也坚信我们的中华民族一定能够早日实现伟大复兴！

# 目录

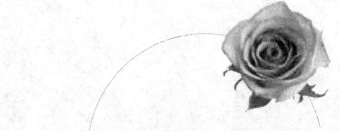

# 一、神话传说中褒姒的来历

褒姒，相传是褒洪德为救其父褒珦，而从民间购买的美女。她身材修长，眉清目秀，唇红齿白，乌发粉面。有沉鱼落雁之貌，闭月羞花之容。入宫后，幽王对其宠爱有加，为博千金一笑而烽火戏诸侯。由于幽王昏庸无道，终至国破家亡。亦说"红颜祸水"，但若帝王的品德足以服众，有能力治理国家，又岂能因"红颜"而亡国呢？

## （一）今古奇谈

　　褒姒是幽王的宠妃，生卒年不详。因是褒人所献，姓姒，故称为褒姒。关于她的故事得从遥远的古代谈起。

　　四千多年前，在我国的黄河流域，活动着一个古老的部落——夏。据说这个部落是黄帝族的一个分支，是黄帝的儿子昌意的后代，这是一个善于治水的部落。夏部落的酋长传位到禹时，尽管其父亲鲧因治水失败而丧命，但九州之内，还深受洪水之灾，滔滔洪水淹没了平原，包围了丘陵和山岗。大批人口和牲畜死亡，房舍和积蓄也为洪水所吞噬。灾民们扶老携幼，到处漂流，整个民族陷入空前深重的灾难之中。

经过部落联盟议事会的决定，还是派善于治水的夏部落主持治水，这个重担就落在了新任部落首领禹的肩上。他吸取了他父亲治水失败的惨痛教训，改变单纯筑堤堵水的办法，采用疏导的策

略。禹不仅聪明能干，更为可贵的是，他能吃苦耐劳，为天下人谋利益。治水工作艰苦而繁忙，他和涂山氏女结婚后的第四天，就离家去参加治水。他作为一个部落首领，亲自指挥并带领大家劳

动。由于风吹日晒，栉风沐雨，他的脸都变黑了。由于经常光着双脚下水干活，他腿上的毛都磨光了。他就这样在外面辛辛苦苦地干了十三年，三过家门而不入，一心扑在治水事业上，最后取得了辉煌的成就。

禹治水的成功，让百姓安居乐业，在各部落中拥有极高的威望，也得到人民的拥护。当舜去世以后，禹就接替舜当了部落联盟的领袖。禹通过一些强有力的措施，打破一些旧的束缚，不断巩固自己的地位。最后建立起了中国历史上第一个王朝——夏。夏的建立，标志着中华民族的发展进入了一个新时期，为华夏文明的发展打下了良好的基础。可以说，没有夏代的建立，就没有中华民族三千多年光辉灿烂的文明史。

在承平日久的生活中，禹的子孙们一代不如一代，夏桀是最后一位国王，也是历史上有名的暴君。他残酷地压迫

和剥削人民，使人民无法忍受。为了满足其奢侈的享受，他无休无止地征发夏民并强迫他们无偿劳动，修建豪华宫殿、林苑。还自比为太阳，弄得天怒人怨。有一次，夏桀正在大兴土木地修筑自己的宫殿，这时候看到两条巨龙，它们盘踞在殿中的柱子上面说："我们是褒城的二君。来警告你好好治理天下、抚恤万民，不然煌煌大夏将毁于你的手中。"说完便闭上眼睛，盘踞在宫廷里，还不停地流着口水。夏桀王对此极为恐惧。他想杀掉二龙，便命太史占卜，结果是杀龙会不吉利。他想不能杀，那就赶走二龙吧。结果太史一占卜，发现赶走也不吉利。于是太史就向夏桀王奏道："神仙下降，只不过是警示一下而已，不是什么坏事，也没有对大王造成什么伤害。大王为什么不将它们的唾液收藏起来呢？那是龙的精气，收藏它说不定能给大王和王室带来好运。"夏桀又命太史对此进行占卜，结果出现大吉之兆。于是，夏桀王就命人在龙前设祭台，从府库中取出金盘将其涎沫收集起来，置于朱盒之中。这些事做完之后，忽然风雨大作，二龙飞起离开了王庭。夏桀王随即就下令将涎沫收藏于内库中。

神龙飞天之后，夏桀王便把这事抛到脑后，继续我行我素地大享其乐。国

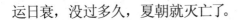

运日衰，没过多久，夏朝就灭亡了。

## （二）赫赫宗周

历史的车轮在不停地向前转动。夏朝是被一个叫商的部落给灭亡的，其首领汤建立起了商朝。商朝在我国历史上是存在时间最长的一个王朝，大约有六百年之久，即从公元前17世纪至公元前11世纪期间。商也取得了辉煌的成就，我们今天所见到的传奇的甲骨文、神秘瑰丽的青铜器，很多都是这个时代的杰作。但商代最后一个帝王辛，也是历史上有名的暴君，把大好河山断送给了一个叫周的部落。

周族活动在中国西部的黄土高原上，传说有一位叫姜嫄的女子外出劳动，一不小心踩到了一个巨大的足迹，便有所感应，生下了一个孩子，这个孩子叫稷，后来成为了周族的祖先。此人善于农业

生产，还成为了主管农业的官员，所以被人们称为后稷。整个周族也主要以农业生产为生计。在周人先祖首领后程、公刘、古公的领导下，周部落经过数次迁徙，终于在岐山脚下定居下来。他们不断地发展生产，繁荣经济，使得周部落的势力日渐强大。季历当了周的首领后，周的实力有了更大的发展。由于他立下了赫赫战功，招致了商王文丁对他痛下毒手。季历的幼子姬昌继位后，忍辱负重，暗中积蓄力量反商。姬昌的儿子姬发继位后，等来伐商的最好时机，此时商王辛残暴昏庸，人心离散。牧野一战彻底打败了商王的武装力量，使得商王走投无路，赴鹿台投火而死。姬昌就是后来的周文王，其子姬发即周武王，商王辛就是历史上的商纣王。

经过数百年的准备，若干代周族人的梦想终于得以实现，周王朝代替了商王朝进而实现了对全国的统治。周武王取得胜利后，从东方回到镐京，谋划了许多雄心勃勃的计划，企图巩固新建的周王朝。然而，他的雄才大略还没有得

以施展，就患上了不治之症。临终之时，他托孤姜尚和周公旦，让他们辅佐太子，完成周族数代人的心愿，将周国的基业流传万世。武王死后，他的儿子姬诵即位，即周成王。

周公旦辅政之后，首先做的就是安定天下的政治形势。他努力说服了对他辅政怀有戒心的太公望（姜尚）和他的

另一个兄弟召公奭，使他们相信其辅佐成王并不是为了夺取王位，而是为了继承先王的遗愿，继续完成先王所没有完成的大业。在取得他们的理解和支持后，周公旦便毅然发动了平定叛乱的东征。内外安定之后，便开始兢兢业业地辅佐成王，制定礼乐制度，还颁行了在中国古代历史上产生了深远影响的分封制、井田制和宗法制。使本来已濒临破产的社会经济得到了恢复和发展，出现繁华的"成康盛世"。

## （三）厉王无道

周代第十位国王，姬姓，名胡。他在位期间，横征暴敛，加重了对劳动人民的剥削，同时还剥夺了一些贵族的权力，任用荣夷为卿士，实行"专利"，将社会财富和资源垄断起来。因此招致了贵族和平民的不满。为了平抑所有的不满情绪，这位大王想出了一个妙招，让巫者和自己的侍卫，到各地去监视公开指责自己的人。监视者将这些人报告给厉王，厉王就把这些人杀掉。国都里的人都不敢说话了，路上遇到也仅用眼睛互相望一望而已。这就是"道路以目"成语的来源。这下厉王可高兴了，告诉召公说："我能止住谤言了，大家终于不敢说话了。"召公说："这是堵他们的口。堵住百姓的口，比堵住河水更困难。河水因堵塞而冲破堤坝，受伤害的人一定

很多，百姓也像河水一样。所以治理河水的人，要疏通它，使它畅通；治理百姓的人，要放任他们，让他们讲话。百姓有口，好像土地有高山河流一样，财富就从这里出来；好像土地有高原、洼地、平原和灌溉过的田野一样，衣食就从这里产生。口用来发表言论，政事的好坏就建立在这上面。实行好的而防止坏的，这是丰富财富衣食的基础。百姓

心里考虑的，口里就会公开讲出来，天子要成全他们，将他们的意见付诸实行，怎么能堵住呢? 如果堵住百姓的口，又能维持多久? "厉王不听。于是国都里的人再也不敢讲话了。

一日，掌管府库的官员紧急奏报，说库房里的一个盒子发出神奇的光芒，这是从来也没有过的事，所以人言人惧。厉王把这帮人嘲笑了一番，认为没什么大不了的，说不定是天将祥瑞。于是就带着一大群人直奔府库。原来这个盒子就是当年夏桀王收藏的那一个，经过了商

朝，到周朝都这么多年了，此物一直放在府库里，大约经历了三百年。盒子中究竟装有什么东西？由于时间太长了，所以库官也不知道装的是什么。他们找出当时的登记册，把册献给先王，那册上详细地记载了藏物的原因和经过。厉王看过册后，便命人把盒子打开看看里面到底装的是什么宝贝。这时太史公告诫厉王这在夏朝就是不祥之物，经过这么多年都没事，偏偏在这个时候出奇，有可能带来不必要的麻烦，应该敬而远之。但厉王不予理会，令人打开朱盒手捧金盘呈上。厉王接盘时一时失手，盘子掉在了地上，里面收藏的龙的涎沫都流了出来。忽然之间，这些涎沫变成了一只小龟，然后就迅速地爬走了。周厉王立刻让人四处查找，却怎么也找不着。结果谁也不知道去哪了，有可能人间蒸发了，也有可能一直在宫里游荡，这都是后话了。

### （四）神秘弃婴

话说周厉王在令人找龟时，一个小

宫女刚好路过库房外面，听着里面的嘈杂声，也没太留意脚下的路，一不小心，就踩在了小龟的身上，她还没反应过来是怎么回事，小龟就消失得无影无踪了。接着，就出事了，她明显感觉身体开始不适，从此肚腹渐大，怀孕一般。这事传开了，厉王大怒，命令将这可怜的宫女打入冷宫。四十年后的一天夜里，当时是厉王的儿子宣王当政时期，该宫女突然腹中疼痛，遂产下一女婴。守冷宫的侍者不敢隐瞒此事，立即上报了皇后。

这个时候的都城，流行着这么一句民谣："山桑弓，箕木袋，灭亡周国的祸害。"宣王听到歌谣非常吃惊，他问大臣们："此歌谣是什么意思，是凶是吉？"一位叫

召公的大臣说："桑木可以用来做弓。其是草的名称，可用来做箭袋。据臣的愚见，国家日后将有弓矢之祸！"宣王说："如果是这样，杀尽京师所有做弓箭的匠人，毁掉库内的弓矢，怎么样？"太史令伯阳父说："臣夜观天象，弓矢之祸将出现在陛下宫中，与弓矢无关，后世必有女子乱国！请大王不要杀害无辜的人，毁坏士兵的兵器。"于是宣王回到宫中，询问自己的皇后最近后宫的妃子是否有怪异的

地方。皇后就回答道："有一个宫女，已经怀孕四十年了，直到现在才生下孩子。"周宣王觉得这件事情非常不可思议，认为这个宫女是妖精，这种没有结婚就怀孕，并且四十年之后才生下孩子的怪异行为预示着国家将会遭受灾难。于是宣王命人在清水河边将这个宫女杀死，把孩子扔进河里。

宣王对伯阳父说："那个宫女和孩子都已经死了，你试试占卜一下，看妖气消灭了没有？"伯阳父占卜后说："妖气虽然出宫，然而还在人间。"宣王就下令到河边找女婴，结果没有找到。于是就在城门口张贴了榜文，无论是谁，如果藏了女婴就满门抄斩。有一天，士兵在城门下巡逻，看见一个男子背着山桑木弓，一个女子背着萁草织成的箭袋，在街上叫卖。士兵看见了，心想："如今朝廷大

臣断定歌谣是山桑木弓萁草箭袋，肯定说的就是这两个人，又说女子乱国，我们放了那个男子，将这个女子捉去见天子。"那个男子看救不了自己的妻子，抱头便跑，到了郊外，听见深林中群鸟喧噪，有婴儿啼哭的声音。原来当日那个小婴儿由于被草席包卷着，并没有下沉，顺着河流漂向了远方。在途中，飞来了成百上千只鸟，为孩子遮挡毒辣的阳光，并且用嘴把草席抻到了河边的浅滩上，不

停地大声鸣叫。他走向河滩，看见百鸟
用翅膀的羽毛覆盖住一个躺在青草上的
女婴，他想："妻子被朝廷捉去了，估计
很难活着出来，不如把这个女孩子抱回
去，抚养成人，也有个寄托。"于是抱起
婴儿，奔褒城逃难而去。

（五）褒珦获罪

公元前 782 年，周宣王由于征战失

利，忧郁而死。众大臣们遵照遗嘱，立太子宫湦为天子，于灵前即位。他就是西周的末代天子周幽王。此时幽王已经结婚，他的妻子是申侯的女儿。她生了一个儿子，名叫宜臼。根据众大臣的提议请示，幽王下令，立申侯女儿为王后，立儿子宜臼为太子。幽王继承了王位，也继承了他的祖父统治时期的腐败政治，随着王室和贵族生活日益奢靡，穷民之力，竭民之财，使社会矛盾进一步激化。

幽王这个人脾气暴躁，喜怒无常。即位之后，每天都喝酒吃肉，还让他所宠信的大臣到民间选出大量的美女供其玩乐。尹球、虢石父、祭公是三个小人，阿谀奉承，想尽各种办法讨好幽王。幽王拜尹球为大夫，虢石父为上卿，祭公为司徒。这三个人都是喜爱金钱、贪图权力的人。于是周幽王想做什么就做什么，他们只是一味地吹捧。有一次，三

川地区的守臣对周幽王汇报三川地震的事情。幽王笑说："三川地震是很平常的事情，何必亲自告诉寡人呢？"伯阳父对赵叔带说："现在的周朝就像是夏朝和商朝的末期啊！"赵叔带很惊讶地问："为什么这么说呢？"伯阳父说："源头阻塞了，那么水流必然会枯竭，水流枯竭必然会导致山体崩塌的地震，地震是预兆，周室天下不出二十年就会灭亡啊！"

第二年的冬天，岐山又地震了，于是赵叔带对周幽王说："山崩地震，是国家的不祥之兆，望大王善待百姓，多多听取贤良大臣的建议，好好应对自然变化，好让我们的国家没有危险。"虢石父说："山崩地震，这都是大自然的正常现象，哪里有什么不祥？叔带是迂腐的读书人，并不了解上天的旨意，希望陛下能够仔细考虑！"幽王听信虢石父的话，罢免了赵叔带的官职。大夫褒珦知道了

这件事情，劝谏说："不可罢免赵叔带的官职，否则谁还会给您好的建议呢？"幽王大怒，把褒珦囚禁在监狱里面。褒珦是褒城人，被囚禁在狱中，一连三年不放，这可急坏了褒珦家人，他们千方百计想救回褒珦。

（六）以美赎身

周幽王继续过着无忧无虑的日子，

但老这样玩，谁都有腻的时候。这时，一向被周幽王宠信的虢石父似乎看明白了大王的意思，便自告奋勇地承担起为大王访求天下美女的重任，当然，幽王很愉快地答应了。

褒珦的儿子洪德听说幽王正命臣属访求美女，于是觉得为父赎罪的事有突破口了，便把自己的想法告诉了母亲，说："父亲因为直谏幽王而被关押在大狱中，但那并不是什么不可赦免的大罪。当初，

　　周文王因为崇侯虎的告密而被商纣王关押在羑里达七年之久。后来，文王的大臣散宜生想出了一个计策，针对纣王贪财好色的品行，把一批美女和许多珍宝，通过纣王的宠臣费仲献给纣王，于是就放了周文王。当今的天子周幽王荒淫无道，只知道搜寻四方的美女以充实他的后宫。如果我们能给些金帛之类的财宝，再买一个绝色女子献给幽王，就一定能够让幽王赦免父亲。"他母亲一听便说：

"这一计如能行得通，救得出你父亲来，何必在乎那点钱帛呢？你马上就去办这件事。"

于是洪德便到民间购买美女。一日，在一个偏僻的乡村见到一位少女，身材修长，眉清目秀，唇红齿白，乌发粉面。他觉得能购得这样一位绝代佳人献给幽王，一定能赢得幽王的欢心，放父亲出狱。他访问到该女是民家之女，14岁，尚未婚配。便不惜用三百匹布帛强行买来。

买到之后，取名褒姒，进行调教，习练进退礼节，规范言谈举止。经过一番教导，认为可以了，便沐浴更衣，穿丝披纱，戴银佩玉，送进镐京。先用金银贿赂虢石父，向幽王通融。虢石父见到褒姒，不禁眉飞色舞，心想自己不仅可以很好地完成任务，还捞到了一笔额外的收入。此外，若褒姒获宠，必然会对自己感恩

戴德，而且幽王也会对自己更加宠信，所以很爽快地答应了。于是向周幽王启奏道："珦子洪德，知父罪当万死，痛父死不能复生，特访求美女姒，进上以赎父罪，望我王宽恕，赦免其罪。"幽王闻奏，宣褒姒上殿进见，叩拜礼毕，幽王细瞧，果然是一名绝代佳人，顿时觉得其他所献美女无一人能比得上，龙颜大悦，降旨赦放褒珦，恢复官爵。

# 二、千金难买卿一笑

## （一）绝代佳人

前文已提到，那卖桑弓、箕袋的男子怀抱宫中扔出的妖女，寻路逃往褒城，这一路上历经了许多磨难。男子孤身一人带着个刚出生没有多久的小婴儿，这日子该怎么过呢？吃的、用的、住的、穿的样样缺乏，这小孩怎么样才带得大，成了那男子的一块心病。正巧，有一个

叫姒的大人的妻子，不会生育，便买了些布匹之类的东西给这个男子，希望他把这女婴给他们抚养。这男子原本是打算养女防老的，但一到褒城就觉得生计无着落，为了生活，只好答应下来。正巧有一天，褒珦的儿子褒洪德到乡下，发现了这个奇女子。也就是说，献给周幽王的那个褒姒就是当年那个来历神奇的弃婴。

该女子被送到宫中，然后以华美艳

丽衣服，将其打扮起来，进献给幽王。
待拜见天子的大礼已毕，幽王举目看见
眼前亭亭玉立的褒姒，便魂不守舍起
来。这时的褒姒才14岁，看起来就像是
十六七岁的大姑娘模样，眉清目秀，唇
红齿白，发挽乌云，指排削玉，肤如凝脂，
波似秋水，雍容华贵，艳丽照人。果然
有沉鱼落雁之貌，闭月羞花之容，倾国
倾城之色。尽管宫内有王后妃嫔，各诸
侯国也不断有美女进献，但没有一个能

赶得上褒姒的美丽。——

从此以后，幽王对褒姒宠爱有加，寸步不离，而且老是看不够，一会儿觉得她像出水芙蓉，一会儿觉得她似带雨桃花，若一刻不见便一刻不安，若两刻不见便两刻不宁，整天守着丽人。两人立则并肩，饮则交杯，食则同器。沉醉于温柔乡中的周幽王只顾自己享乐，为了取悦褒姒，凡是她的要求，均尽数满足。他向各诸侯国征派各类物资，以供其享用。上朝听政的事早就被他抛在了脑后，群臣等候在宫门之外，皆不得见幽王龙

颜，无不长叹而去。

## （二）皇后生嫉

话说周幽王即位之后，便立申侯的女儿为王后，这就是申后。然后立申后之子宜臼为太子。但褒姒入宫后，深得幽

王的欢心，以至于这位国王冷落了其余
妃嫔，专宠于这个美人。并一直住在褒
姒所在的琼台，有近三个月的时间没有
去过申后的寝宫。早有宫女将此情告知
申后，申后极为愤慨。

有一天，忍不住愤怒之情的申后在
宫娥的带引下，径直走到了周幽王与褒
姒寻欢作乐的琼台。凑巧，此时幽王与
褒姒联膝而坐，寻欢饮酒。见了申后，

褒姒也不起身相迎，这就违背了传统的礼仪。王后是后宫之主，天下之母，宫中之人见了王后，于情于理都应当起身迎接，否则便是违礼。这大概是因为褒姒刚入宫不久，缺少这方面的礼仪之教，也很有可能是仗着有幽王撑腰，而不把其他人放在眼里。申后一见他们二人的坐姿，而且又不起身相迎，更是气不打一处来，冲口便骂道："哪里来的贱婢，敢到这里来浊乱宫廷？"

幽王害怕申后大打出手，伤害了这位难得的美女，马上站起来，挡在褒姒

身前，代其向申后答道："这是我新纳的美人，还没有定立位次、名号，所以未曾让她来朝见你，你犯不上为这点小事大动肝火，有事好商量嘛！"幽王都亲自发话了，申后面对这种情况也毫无办法，只是骂了一通，愤然离去。

这时褒姒问道："刚才来的是谁啊？"幽王答道："她是本王的王后。你明天去拜见她一下，也让她顺口气，不然以后的麻烦就多了。"褒姒接口便答道："原来大王您也有惧内症，明日，我自当去拜见这位令大王害怕的王后。"一听褒姒这话，幽王脸上可挂不住了，狠狠地

说："刚才要不是怕她伤了你，我岂能让她在这儿撒泼，我是天下之主，上天之子，怎么会惧怕一个女人？这不是笑话吗？天大的笑话。你放心好了，有我在，一定不会让你受到任何人的欺负的。明日，你也不用去拜见她了。"褒姒默不作声。到了第二天，自然是没有去拜望申后，给她请安。

## （三）褒姒挨打

申后本为一国之母，处处受人尊敬，那日受到幽王和褒姒的冷落，自然郁愤

难消。回到宫中，一直郁郁寡欢。太子宜臼见母亲闷闷不乐，便问道："母后为六宫之主，还有什么不开心的事呢？"申后道："你父王宠幸褒姒，全然不顾嫡、庶之分。将来这个女人若是小人得志的话，你我母子二人将连立足之处都没有了！"说罢泪水涌出，又将褒姒不来朝见、不起身迎接之事对太子讲了一遍，越发泪如雨下。宜臼越听越愤愤不平，安慰其母亲说："此事不难，明天是朔日，父王可能会临朝听政。到时母后可以派宫

女到琼台采摘花朵，引她出来，到时，我便将她毒打一顿，让母后出气。即使父王怪罪下来，罪责也只在我一人身上，与母后全无干系。"

申后道："切不可造次，谨慎从事才好。"太子宜臼愤然走出宫去。第二天，幽王果然上朝，群臣拜贺。宜臼得知父王上朝去了，便带了十名宫人，来到琼台之下，也不问三七二十一，将园中的花朵乱摘一通。琼台中的宫人见有人践踏花朵，忙上前拦阻道："住手，这些花是圣上种来供褒娘娘玩赏的，毁坏了你等吃罪不起。"这边的宫人理直气壮道："我等奉东宫之命，你等是什么人，竟敢阻拦？"当下两边宫人争吵起来，惊动了褒姒，便亲自出来看看，不禁怒从心起，正要发作。这时宜臼躲在暗处，见一绝色女子从宫门里走出来，宫人又七口八舌地向她告状，知道此人便是褒姒，便

突然冲到她面前，也不问话，上前一把
抓住云鬓，举手便是一拳，狠狠向褒姒
打去，口中骂道："贱婢，你是什么人，
无名无位，竟敢目中无人，今天教你见
识见识我的厉害。"太子说着又举拳打去
了。

刚打了几拳，琼台中的宫人害怕打

坏了褒姒，到时候幽王降罪下来他们担当不起，便一齐给太子跪下，高声叫道："太子饶命，请太子殿下看在大王的面上，千万不要伤了褒娘娘的性命，奴婢们可担当不起。"说完众宫人跪下叩头不止。宜臼也怕伤了她的性命，无法向父王交

待，见褒姒头发散乱，身上已经有很多
伤了，心想母后的气已经出了，便停住了
拳头，扬长而去。

褒姒突然被打，浑身伤痛，含羞忍
痛回到宫中，听见宫人求饶的话，已经
知道是宜臼替母亲出气，不禁悲伤起来。
宫人一齐上前劝说道："娘娘不必悲伤，

一切自有大王给您做主。"宫人的话音刚落，只见幽王退朝，来到琼台。

## （四）太子奔申

幽王退朝，便直奔褒姒住处而来，一走上琼台就看见褒姒头发松乱，泪流满面地坐在台中，感到奇怪，便问："今日为什么还不梳妆打扮呢？看你两眼红红的，哭得那么伤心，是不是哪个宫人不听话，得罪了你，你只管告诉我是谁，我一定会好好惩治他。"

褒姒立即抓住幽王袍袖，放声大哭，边哭边说："太子引了一帮宫人在台下摘花，我从来也没有得罪他的地方，太子一见我，也不问青红皂白，就打骂交加，要不是奴才们苦苦哀求，恐怕褒姒今天就性命不保了。要是以后经常如此，那我的日子还怎么过，还请大王给我做主。"说完又呜咽起来，痛哭不已。

幽王一听，心里便明白其中缘由，劝慰褒姒道："你没有去朝见申后，所以他才会这样对你。这一定是王后让他这样做的，不会是出自于太子本意，请你原谅太子的冒失。"褒姒一听幽王的话中有回护太子之意，心中又不高兴了，说道："我早就知道大王不会处罚太子，太子为其母亲出气，其意在不杀死我便不罢休。我身虽死不足惜，却自受大王爱幸，现已是身怀六甲达两个月之久了。妾身的一命实际上就是两命啊，还求大王让我出宫回褒城，这样或许还可以保全我们母子的性命。"幽王一听褒姒有了身孕，又惊又喜，一边抚慰褒姒道："爱卿不要生气了，且先休息几日，我自有处分他们的方法。"一边下令："太子宜臼无礼好斗，不能原谅。将其发还申国，听申侯教训。至于东宫太傅少傅等官员大臣，对太子教训不严，辅导无方，才会有今日太子无礼之事，一并削职逐出宫去。"宫人连

夜将太子用车送往申国，并得到了幽王
的禁令，不允许把这件事情通报给申后，
太子没有幽王的命令不得回宫。

褒姒怀胎十月，生下一子，幽王疼
爱备至，视为掌上明珠，取名为伯服。
于是就产生了废掉太子宜臼，立伯服为

太子之意。但事出无因，难于启齿。虢石父专擅讨好逢迎，猜到了幽王的心意，便串通尹球，背地里告诉褒姒："太子既然已经被贬回申国，理当立伯服为太子，娘娘在枕边向圣上进言，我们二人在外尽力相扶，何愁此事不成？"

褒姒听后心中大喜，说道："全靠二位鼎力相助，如果伯服立为太子，自然不会亏待二位。"此后褒姒秘密派遣心腹去宫中，昼夜监视，以便寻找申后的岔子。

耳目遍及宫内外，纵是风吹草动，褒姒无不知晓。

### （五）夺嗣之争

再说申后，多日不见太子进宫，便派人打听，这才知道太子已被贬到申国，

自此独居宫中，连个说话的伴儿也没有，终日流泪，孤苦零丁地度日。在她身边侍候的有一个年纪较大的宫人，每天只见她以泪洗面，为她的身体担心，便不停地劝她说："王后娘娘，凡事都要想开一点，身体才是最重要的，要是娘娘身体万一有什么闪失，小的们怎么向大王和太子交待。"申后道："大王现在也

不会管我了，他早就被那小狐狸精迷住了。太子宜臼远在申国，若那贱婢对我有什么企图，不知道我们母子俩还有没有相见的机会。"说完已是泪流满面。

那宫女一看就知道了她的心思，便进言："既然如此，娘娘为什么不写一封信，秘密地寄往在申国的太子处，一则道出思念之情，二则告诉太子，让他向大王认错请罪，要是能感动大王，念在父子之情的份上，召还太子，好使你们母子相聚。"

申后听了这话道："这个主意好是好，但那贱婢派了那么多人监视，没有人去

传递啊?"那宫女答道:"我母亲温媪素
知医术,王后谎称有病,叫我母亲进宫
把脉,将信带出去,再让我兄长送去申国,
保证万无一失。"申后觉得此法可行,便
将信写好,信中说:"当今天子无道,宠
信妖婢,使我们母子分离。现妖婢生子,
宠信愈甚。你可上书佯作认罪,若得还朝,
我们母子重逢,再作计较。"

　　申后写好信后,就对外称生了重
病,卧床不起。宫中医生对这种本来没
有而只是装出来的纯粹是心病的病束手
无策,根本就没法对症下药。于是,申

后就声称，这病只有宫外的温媪可以治。这样，就把温媪召入宫中。宫人先将传信之事告知。申后假装诊脉，从枕下抽出信来，嘱咐温媪："连夜送往申国，不得延误。"当下赐给温媪两匹彩缯。

温媪兴冲冲地走出宫门，不料，那守宫门的内侍突然把她拦于门前，询问道："这缯是从什么地方来的，不是你从宫中偷的吧？"温媪心虚，答不上来，便被搜查。结果在其身上发现了密信。原来，耳目早就将这件事情报告给了褒姒。褒姒料想到有传递书信之举，便早已布下局，就等温媪出宫了。

门卫连人带信送往琼台，来见褒姒。褒姒看完信后大怒不已，令将温媪关起来，不许走漏消息，同时将那彩缯剪成碎片。这一切，都是早已布局好了的，现在已有把柄在手，夺嗣能否成功，就看褒姒对幽王发起的攻击是否有效了。

## （六）王后被废

不一会儿，幽王下朝回到琼台，一

见褒姒就发现她与往常不同。再一看，满地都是剪碎了的彩缯，忙问这是怎么回事。褒姒满含泪水说："我很不幸身在这宫中，由于受到大王您的宠爱，使得王后对我妒忌日深。更为不幸的是，我又生下一子，致使这种妒忌更为厉害。现在王后写信给太子，让太子早作打算。一定是想谋害我们母子俩的性命。还望大王您给我们母子俩做主啊！"说罢，又呜呜咽咽地哭起来。幽王忙劝道："爱妃莫忙着哭，你是怎么知道申后在信中这样说的啊？"褒姒便将那封信递给幽王。幽王认出是申后的手笔，便问传信之人是谁。褒姒命人将温媪带出来，还不等温媪开口说话，幽王剑一挥，将温媪劈成两截。

当天夜里，褒姒又在幽王面前撒娇道："我们母子的性命，全在太子宜臼手中了。"幽王道："有我为你做主，太子能把你们怎么样？"褒姒又道："大王千秋万岁之后，太子便为国君。申后现在就整天在宫中发怨诅咒，一旦他们母子掌权，我与伯服就死无葬身之地了！"褒姒说完竟又呜呜咽咽地哭了起来。

幽王又说："我也早想废掉王后和太子，立你为正宫，立伯服为太子，但我朝祖制实行的是嫡长子继承制，嫡长子才是大宗，才有继承权，而庶子是没有任何继承权的。所以一定会遭到群臣的反对，不太可能顺利实现。这有什么办法呢？"褒姒说："大臣们必须服从君王的命令，要是君王听从大臣的话，那就不正常了。大王只要将您的意思告诉大家

就行，这事还是得您说了算。"幽王道："爱
卿所言极是，明日我就照此办理。"

第二天早朝，行礼完毕，幽王向众
公卿问道："申后妒忌怨恨，咒诅朕，难
为天下之母，你们说，是不是可以将其
抓起来问罪？"虢石父这时就知道了幽
王的意思，知道了他有废嫡立庶的想法，

就立即上前答道："王后是六宫之主，尽管有罪，却不能问罪。但若德行与地位不相称，则应该废去，另择贤后，以为天下仪表。"

另一个善于拍幽王马屁的尹球也赶快接过话来："臣听说褒娘娘德性贞静，可为六宫之主。"幽王道："太子在申国，

如废太后，太子怎么办？"虢石父答道："现在太子因罪被贬居申国，现废其母，理所当然不得召太子返朝。臣等愿扶助伯服为太子，实在是社稷之福。"

幽王听完这番话，感到正合自己心意，遂喜不自禁，当即下令将申后打入冷宫，废太子宜臼为庶人，立褒姒为王后，伯服为太子。如有谁敢进谏，便以宜臼同党处以重罪。

满朝文武官员得知这一消息后，心中都十分不满。无奈幽王主意已定，进谏等于白白送死，毫无意义，于是都缄口不言。朝廷之中，已成了虢石父、尹球等一帮佞臣的天下，幽王则与褒姒日夜在宫中寻欢作乐，不理朝政。

## （七）妃子不笑

褒姒蛾眉淡扫，蝉翼轻梳，万种风情，但就是不露半丝笑容，自打她进宫以来，总是紧锁眉头，从来没笑过一次。依人之常情看来，她没有不高兴的理由，

自己如愿以偿地驱逐了太子，登上了王后的宝座。可是，她就是不笑。如果说褒姒从来没有笑过，这也许是文人笔法的夸张。我们可以这样认为，其实也不是没有笑，笑的时候也只是浅笑，用现代诗人徐志摩的一首诗文来说就是"最是那一低头的温柔，恰似一朵水莲不胜凉风的娇羞"，当时的褒姒可能就是这个样子微笑的，而露出八颗牙齿的中笑和开怀大笑则从来没有。这恰恰是褒姒的高明之处，这更加激起了周幽王想博美人一笑的冲动。其实，越是得不到的，越是最好的；越是难以征服的东西，越能

激发征服的欲望。幽王也不例外。褒姒

对幽王若即若离，保持距离，动情不动

心，动心不露形，笑不露齿，恬淡自然，

越发神秘，让幽王永远处于渴盼之中。

这更激起了周幽王想要让她大笑的心理。

幽王为了求得美人褒姒的一笑，可以说

是做了很多的功课，开展了各项娱乐活

动。每日的轻歌曼舞、锦衣玉食都不能

打动这位女子的芳心，无论遇到多么有趣的事情，她都是十分平静的样子。

幽王实在想不出什么高招能使褒姒一笑，便问她："爱卿不喜欢音乐歌舞，那喜欢什么呢？"褒姒答道："我没有什么特别喜欢的。记得听说妺喜爱听裂缯之声，想必那声音清脆好听吧。"

幽王道："既然喜欢听裂缯之声，为什么不早说呢？"于是就命人每天送一百

匹帛缯进宫，让宫女们用力地撕，以取悦褒姒。奇怪的是，褒姒虽然喜欢听裂缯之声，却依旧满脸冰雪，不肯露出一丝笑容。

"爱妃为什么不笑？生得这般妩媚动人，如果再开颜一笑，必定更加美丽。"幽王又问。王后褒姒淡淡地说道："贱妾生来就不喜欢笑，大王不必见怪。"

幽王似乎下定决心，一定要让褒姒笑。于是说道："我一定要让你开口一笑。"随即发令悬赏，不论宫内宫外的人，能使褒后一笑者，赏赐千金。

# 三、周幽王烽火戏诸侯

## （一）虢伯献计

在古代，为抵御敌人来侵，人们曾设立烽火台，利用火与烟传递信息。一般从京都作放射形状，分别通往边疆或各封国，每隔十公里或五公里，建筑一个高大的碉堡。碉堡上除了有士兵二十四小时轮班瞭望外，还储备木柴和狼粪。夜间燃起木柴，谓之烽火；白天燃起狼粪，谓之狼烟。据说，狼粪的烟，比较有凝聚力，直冲天际，不容易被风吹散。如果有敌人攻击边界，边界必定立刻燃起烽火狼烟，消息会很快地传到京都，就可以发兵赴援。要是有敌侵犯京都，便在京都燃起烽火，分封的诸侯只要看见烽火，便知京都告急，天子有难，于是领兵从四面八方赶来救驾。可见烽火台点火不是什么儿戏装置，乃是有关国家生死存亡的军事报警设施。

话说幽王千金买笑的消息传遍天下，尽管那时的金并不是我们现在所说

的黄金，而是指黄铜。但黄铜在当时也是一种贵重金属，价值不菲。要是真得了一千两金，那也就发财了。这样一来，天下那些成天都想发财的人们便闻风而至。他们来到王宫前，等着为褒姒表演自己的拿手好戏，希望能博得王后的一笑而得到大额赏赐。

先进来的是一个善于讲笑话的人。他讲了一个很长很长的笑话，边说还边

表演，但到最后只有他自己一个人在笑。结果他被定了欺君之罪，拉出去斩了。然后又进来一个做鬼脸的，结果真的成了刀下之鬼。接着进来的还有表演魔术、进献奇珍异宝的、说书的等等，不胜枚举，但都没能让褒姒一笑，反而因此获罪，有的成为一具死尸，有的被赶出了宫门。

就这样，过了许久，褒姒怎么也笑不出来，心里窝着一肚子的火，冲着幽王说："大王您怎么尽找些这样的货色进宫来表演，难道天下就没有可笑之事了吗？我是不想再接着看了。"幽王一听，心里真不是滋味。

过了几天，那个最善于逢迎的虢石父跑去跟幽王说："微臣有一妙计，一定能使褒娘娘发笑。不知大王可否让微臣一述。"幽王一直在寻找令褒姒发笑的妙方，正苦于一直没有找到，听虢石父这么一说，马上就问道："你有什么妙计，快快讲给我听。"虢石父对幽王说了一通。

幽王听了拍手称赞道："爱卿真是神人啊！
这计策真是好极了，妙极了，明日我就与
王后一同到骊山去。"

（二）骊山烽火

西周时期，西北方向的犬戎逐渐强
大起来，不时地骚扰边地人民的生活，
偶尔还进犯至西周都城镐京附近。为了
防备犬戎等异族的侵扰，特地在镐京附

近的骊山上修筑了二十多座报警台，放置了数十面大鼓。要是有西戎攻打过来，把守关口的士兵就可以在烽火台上点燃烽火，召唤临近的诸侯发兵前来相救。同时，还可擂响大鼓，催促诸侯的行动。

骊山是离镐京较近的一座名山，山上重峦叠嶂，风景优美。加之宫殿温泉坐落其间，真犹如人间仙境。周幽王带着褒姒来此游玩，白天观赏美景，饮酒作乐。到了夜晚，幽王就下令让人把烽火点燃。那时正担任三军总司令的姬友，得到消息，吓得魂飞天外，慌慌张张跑到行宫，向幽王禀报："烽火台是先前的君王们所备，是为了在紧急情况下召集诸侯的，因此一定要取信于诸侯，有大事才能举烽火。现在，没有紧急情况而点燃烽火完全就是戏弄诸侯的举动，要是以后发生了什么紧急的情况，即便是把烽火燃得再旺，诸侯们也一定不会相信，不会再带兵前来援助。那时，大王您准备用什么方式去报警征兵呢？大王，

您要三思而后行啊，一定不要随便举烽火。"

幽王沉下脸，吼道："风调雨顺，国泰民安，有什么可紧张的。你说了一大堆偏激的话，是何居心？朕想玩玩烽火，有什么不可以呢？今后要是出了事，也和你没有关系，你就不用多管了。"面对如此责难，姬友只能闭嘴。

幽王不顾臣下反对，命令将骊山上的烽火尽数点燃，并把山上的大鼓全部擂响。霎时间，狼烟滚滚，火光冲天，鼓声如雷。那烟火，像无数逃命的巨鲸一样，不断地一股一股喷出火台，向黑暗的远处奔腾而去。周幽王和褒姒则居高临下，准备欣赏这场自以为使人出丑的伟大节目。

附近一些封国的国君们从梦中惊醒，以为镐京已被蛮族包围，国王的生命危在旦夕，就立即集合军队，率领驰援。那些身披重甲、汗出如浆、衔枚疾进的忠义之师，从四面八方，纷纷进入视野，不久就抵达骊山脚下。封国的部队虽然经过急行，仍精神抖擞，脸上呈现着即将献身国家，为国战死的忠义颜色。可是，他们看不到敌人的影踪，也听不到喊杀的声音。只看到灯火齐明，听到乐声悠扬，

大家你看我，我看你，不禁摸不着头脑。

幽王大为满意，派人宣布曰："谢谢各位，根本没有什么外寇，我只不过用烽火消遣解闷罢啦，请你们原路回去，等候政府赏赐吧。"那些幽王的国君和战士，好不容易才相信自己的耳朵，他们只好大眼瞪小眼，自认倒霉，偃旗息鼓，狼狈撤退。

褒姒站在楼上，倚着栏杆看着诸侯们带着兵马跑来跑去，却无一事发生，不禁嫣然一笑，这一笑使她更加美如天仙。盼了这么多年，终于见到了褒姒的笑颜，幽王大喜道："爱卿一笑，真是百媚俱生，仪态万千。"于是便赏给虢石父一千两金。中国俗语"千金一笑"和"烽火戏诸侯"典出于此。

（三）祸及宜臼

幽王最先的王后申后的母家申国，

是周宣王时为了抗击南方少数民族才分封建立的诸侯国。最初，申国的力量并不强大，申后被立为王后以后，申国之君申伯才进爵为申侯，利用与王室的姻亲关系，申国的力量迅速发展壮大起来，成为新兴的后进诸侯强国。

因而，在幽王废申后、太子宜臼之后，申侯才敢写了一封激烈的抗议书曰："昔年，夏桀王宠爱妹喜而灭亡了夏朝，商纣王宠幸妲己而使商朝灭亡。大王现在宠幸褒妃，废嫡立庶，既破坏了夫妻间的感情，又伤害了父子间的亲情。夏桀、

商纣的故事就将在今天重演。所以我希望大王收回成命,恢复申后、太子宜臼的地位,那么国家还有可能免去亡国之祸。"申侯之言虽有维护申后的意思,但他也从历史中看到了这一问题的严重性。

就在褒姒百媚俱生的时候,幽王觉得有向美丽绝世的年轻妻子再度献媚的必要。于是他下令给申国国君,叫他把废掉的太子宜臼杀掉。申国国君自然不肯,但并不代表申侯对这件事不重视。他回绝了使者之后,便马上派了几个得力的心腹之人混入镐京,让他们无论如何也要弄清楚幽王对此会有什么举措。

被派去的几个人到了镐京之后,想尽一切办法,动用了所有的关系,也没有听到一个确切的消息。因为这件事是幽王与虢石父暗中商议而行,并没有公布于众。虽看到有调兵的迹象,但也不知兵发何处,是何用途。碰巧,虢府此时张贴告示,要招纳奴仆,这倒使那几个人有一个绝好的机会去接近虢公，探听确实的消息以传回申国去。

这样卧底有十个月的时间，仍然没有一个确实的消息，其他人都在想办法探听消息，但消息封锁得很严。终于有一天机会来了。虢公的好友尹球过府探望，闲谈中尹球问道："我近来看见你跟大王频繁接触，是不是有什么事要发生。我看军队都准备了不少，是准备西征呢，还是东征。总得先让小弟有个准备。"

虢石父十分不情愿，就说不是我不愿告诉你，是大王不让将消息传出去。这下尹球急了，因为二人过从甚密，虢石父只好告诉他道："那兄弟一定要听的话，我也就只好违抗王命，给兄弟说说了。"然后把左右屏退，就对尹球说："那申侯上书指责大王，惹得大王发怒，一气之下，决定出兵讨伐申国，惩治这个不知天高地厚的申侯。我被大王封为大将军，负责这次军事进攻。事关机密，大王担心

申国对此早有准备，不利于征伐。我看你今天也是急了，所以才和你说，你可千万要保密。"尹球客套了一番，便告辞回家了。

虢石父哪里知道，那么私密的谈话，被早已藏在屋里的申侯的人听到了。他们带着机密情报，连夜奔回申国。

## （四）申侯联戎

申侯听了心腹们带回来的消息：幽王不仅要削去他的封爵，还要以虢石父为大将军，准备领兵前来讨伐申国。不禁大吃一惊。他真的没有想到幽王如此寡情薄义，竟然会不顾父子之情，亲戚之谊，反而听从小人之言，出兵讨伐申国。同时也不禁后怕起来，虽然申国的势力有所发展，但以一个诸侯小国的力量去与王朝抗衡，这不是拿鸡蛋去碰石头吗？南方的楚国那么强大，又离王室统治中心很远，王室的力量不能有效地控制，它都不能公然抗衡周王室，何况还是离周王室这么近的小国呢。

申侯愁苦不已，便把他的臣属召集起来，把他的担心说了出来，征求他们的意见。大夫吕章说："当今天子没有道行，没有德行，竟然废嫡子立庶子，使忠良离开职位，而小人奸贼得以掌权专位，天下百姓对此都极为怨恨。幽王已处于孤立无援的境地。虽然号称是周朝天子，实乃是笼中一孤虎，没什么可怕的。犬戎兵力强大，与申国接壤，申侯何不速速致书戎主，借其兵与周天子相抗，并攻打镐京，救出王后，然后要求天子传位于原来的太子宜臼，这样就可以继承周室的大业。但一定得先发制人，不然机不可失，失不再来。望主公三思，千万不可等幽王的军队攻打到了申国才作打算。那时就已经失去了机会，无力与周军对抗了，不但王后、君侯、太子

命在旦夕，而且百姓也要遭殃。"

申侯一想，觉得这也是唯一的办法，而且前景比较光明，不禁感慨起来：先王啊先王，并非臣等逆主叛国，实在是出于万般无奈，讨伐幽王后定斩妖女，振兴周朝，重振国威。说罢备下了一车金帛，遣人将书送往犬戎借兵，答应破镐京之后，府库中的金帛任其搬取。这时的申侯只顾担心被攻打，没有想到会有什么后果。要是犬戎真的攻进了周都镐京，他们会仅仅局限于取走一些金帛吗？眼见一出"引狼入室"的悲剧就要发生了。

## （五）真狼来了

上面提到的犬戎，是西周时期西北方的主要民族。在古代，西部的少数民族被笼统地称为"戎"或"西戎"。戎族当中最大的一支是羌人，分布于西北的广大地区，因此后来就有人把"西羌"作为西方各族的总称，或者以"羌戎"称呼这一地区众多的民族。在商代，羌人与商王朝有着叛服不常的关系。武王伐商时，羌人还曾参加了周人的同盟集团，共同进行伐商活动。

在周王朝初建期，由于周的力量很强大，很有威慑力，这才使得西戎与中原王朝能够和睦相处。随着周的力量日渐削弱，犬戎人不断骚扰周的边境，影响周边境地区人民的生活。

而今，申侯为了先发制人，取得进攻的先机，向犬戎借兵。那西戎国主一听申侯的请求，发现又一次大肆掠夺的机会来了，便立即点起一万五千戎兵，分兵三路入侵周境，戎主自己率领主力人马从中路挺进。这时候只见刀枪林立，旌旗蔽日，三军浩浩荡荡地向镐京进发了。申侯在国内得到了戎军已经按时出发的消息，也急急忙忙地让早已组织起

来的中国军队，催马赶往镐京，以便出其不意，没用多少时间，大队人马就团团围住了镐京城。

此时的幽王尚不知大难临头，仍旧在虢石父的奉承之语中做着太平天子的美梦。正在琼台饮酒作乐的幽王忽然听说申侯与犬戎联兵围攻镐京，顿时惊慌失措，急忙召集文武百官，共同商量对策。

虢石父奏道："现在镐京还有一部分军队，可以坚持抵抗一段日子。大王应该火速派人到骊山点起烽火，诸侯的救兵必至，大王与诸侯里应外合，必能取胜。"

幽王连连点头称道："此计甚好！此

计甚妙! 关键时刻, 还是爱卿有办法!"幽王立即遣人出城赶到骊山点燃烽火, 满怀信心地等待诸侯大军赶到, 内外夹击围城之军。

烽火台上白天冒着浓烟, 夜里火光冲天, 任凭骊山上的烽火燃得再旺, 大鼓擂得再响, 等了许久也没有等来诸侯们的一兵一卒。因为前几次被烽火所戏弄, 诸侯大概仍以为这次也是幽王为讨取褒姒欢心而采取的伎俩, 并不是真的来了敌人, 因此, 他们虽然看见了旺旺的烽火, 仍按兵不动。

犬戎围着镐京, 日夜攻城, 而诸侯援军又久久不来, 把幽王急得像热锅上的蚂蚁, 只想着怎么样才能逃出这都城。幽王派虢石父为主帅, 此人除了溜须拍马, 没有什么别的本事, 无奈王命已下, 只得带着二百辆兵车杀出城去。申侯在阵中见虢石父出城, 令人上前捉拿。没有几个回合, 虢石父便被一刀斩于马下。

戎兵见斩了周之主将，士气高涨，一时鼓声大作，杀声震天。但没有想到，主帅一死，那一群周兵自是作鸟兽散，谁也不愿意再为幽王卖命。就是城中的周军，由于终日受气也不愿坚守城池。更有甚者，趁着虢石父兵败，将领不注意，混乱之中打开城门，放了犬戎兵进来。幽王来不及点兵，见大势不妙，便用小车载着褒姒和伯服从后门逃走。但被犬戎兵追上，一代昏君的生命也就走向了终结，而绝代佳人褒姒则不知所踪。直到镐京陷落，诸侯的援军还是没有到来。

## （六）平王东迁

犬戎兵进城后，他们的天性就完全暴露出来，毫无纪律可言。杀人放火，无恶不作。申侯本想阻拦，但戎兵太多，根本没有办法阻止，只得任由其行动。城中大乱，犬戎大军焚烧了宫室，掠走

了府库中所藏的珍宝，昔日繁华的镐京城顷刻间便成为一片瓦砾。

当周幽王死后，各国诸侯才得到确实消息，这次烽火并非为戏弄诸侯。卫国、晋国、郑国和秦国的诸侯部带领人马前来救援。各路大军星夜赶到镐京以后，杀退了戎人。但留下的只是一座被焚毁、洗劫后的空城。各国诸侯看到幽王已死，就把幽王的长子宜臼从申国请了回来，与此同时，虢公翰也拥立了王子余臣为天子。于是，出现了两周并立的局面。但宜臼是太子，郑、卫、秦、晋等国共同拥立他为周王朝的天子，是为周平王。

周平王即位后的第一件事就是赏功罚罪。晋侯加封河内附庸之地；秦君原是附庸，加封为伯爵。古人特别重视死后的名声，褒姒、伯服、虢石父、尹球、祭公这几个人虽然死了，也有处罚的办法。褒姒、伯服废为庶人，考虑到虢石父、尹球、祭公祖宗功劳很大，而且也是死于王事，所以格外开恩，只是把爵号废掉，子孙后代仍然可以袭位。

处理完这些事以后，平王还是高兴不起来，臣子们很着急，都问周王为什么不开心。周王回答道："你们看这都城还像是都城吗？被犬戎破坏成什么样子，宫殿都被烧得差不多了，人民也是杀的杀、跑的跑，我都没几个人可使唤。还有最大的问题，那些野蛮人就在镐京的附近，他们来过一趟，对路已经很熟悉，要是再来该怎么办呢？"

大臣们本来就过惯了好日子，受不

了这种苦日子，再加上这么危险，早就恨不得赶紧走人。听到周王也这样想，于是大家都七嘴八舌地说起来。讨论了几天就想到了东都洛阳。西周建国以后，考虑到对各国的控制以及进贡方便，在当时周朝的中心建立了洛邑。并以洛邑为中心，兴建了四通八达的公路网。洛邑，即现在的洛阳，被称为东都，与当时西周的政治中心镐京并称为二都。

洛邑作为当时的交通枢纽和经济中心，又是周王东巡时的陪都，既建有成套的华丽宫殿，人口也众多，是各级官僚梦寐以求的胜地。平王听到这个主意以后，不禁眉开眼笑，龙颜大悦。于是

平王下令迁都洛邑，此后直至周灭亡的
这段时期就被称之为东周。由于史书《春
秋》记载此后东周的前期历史，所以又
称为春秋时代。后期由于平王封赏的晋
国、秦国等诸侯实力增强，互相争夺地
盘和人口，这就是历史上的战国时代。
总之，东迁之后，从此诸侯强大，天子
势微。

历史留给女人的空间总是局促的，
像一场挥舞不开的舞蹈，低眉敛袖。即
使一瞬间的张扬，也往往因不可考的姓
名、不可考的生卒、不可考的家乡，零

落得一片清净。褒姒似乎已是女人里的
幸运儿，她多多少少有姓、有籍、甚至
有一段身世。褒姒的生平绮丽传奇，褒
姒的经历褒贬万陈。一个朝代，正如一
首歌里面唱到的"兴亡谁认定，盛衰岂
无凭？"但是，正是这样的一个女子，
承受着似乎与她娇柔的肩膀不相符合的
重担，她款款从历史的帷幕下走上来，
默默接受古今的评论。然而，也正是这
些流传下来的关于她的诗词，才使她穿
过了几千年的时光，至今仍然栩栩如生
地活在我们的世界里。

# 四、有关褒姒的诗词

## （一）屈原的《楚辞·天问》

最早出现的有关褒姒的诗词是屈原
的《天问》中的一节：

穆王巧梅，夫何周流？

环理天下，夫何索求？

妖夫曳炫，何号于市？

周幽谁诛？焉得夫褒姒？

《天问》是屈原思想学说的集粹，所

问都是上古传说中不甚可解的怪事、大事。他似乎是要求得一个解答，找出一个因果。而这些问题也都是春秋、战国以来的许多学人所探究的问题，在诸子百家的文章里，几乎都已讨论到。屈子的《天问》则以惝恍迷离的文句，用疑问的语气说出来，这就是屈子所以为诗人而不是"诸子"的缘由。而"天"字的意思，战国时代含义已颇为广泛。大体说来，凡一切远于人、高于人、古于人，人所不能了解，不能实施改造的事与物，都可用"天"来统摄。对物质界说，又有本始、本质、本原的意思。屈原为楚国的宗室重臣，有丰富的学识和经历，以非凡才智作此奇文，颇有整齐百家、是正杂说的意味，《天问》的光辉和价值也就很清楚地呈现于读者面前了。

从全诗的结构及内容来看，全诗三百七十二句一千五百五十三字，是一首以四字句为基本格式的长诗，对天文、地理、历史、哲学等许多方面提出了一百七十多个问题。这些问题有许多是在他那个时代尚未解决而他有怀疑的，也有明知故问的。对许多历史问题的提问，往往表现出作者的思想感情、政治见解和对历史的总结、褒贬。对自然所提的问题，表现的是作者对宇宙的探索精神；对传说的怀疑，从而也看出作者比同时代人进步的宇宙观、认识论。《天问》以新奇的艺术手法表现精深的内容，使之成为世界文库中绝无仅有的奇作。

这段话的意思是说穆王御马巧施鞭策，为何他要周游四方？他的足迹环绕天下，有些什么要求愿望？妖人夫妇牵引叫卖，为何他们呼号街市？幽王究竟杀的是谁？哪里得来这个褒姒？前面说的是穆王坐着神驹拉的车周游天下的故事。后面的夫妇就是指拾到褒姒的那两个以卖山桑木弓、其草箭袋为生的人。当时周宣王的太史令伯阳父认为宫中有弓矢

之祸，后世必有女子乱国。周幽王即位之后，天天沉迷酒色，右谏议大夫褒珦时常劝谏，终于惹怒了周幽王，要把他杀掉。他的家里人听到这个消息，急忙给幽王进贡了大量的财宝和美人，希望能免褒珦一死。这个美人就是褒姒。周幽王见到褒姒之后，看到果然是个美人，于是大喜，就下令把褒珦放了。屈原名义上问的是褒姒的来处，其实指责的是周幽王脾气暴躁，喜怒无常，昏庸无道。

（二）《诗经·雅·瞻卬》

瞻　卬

瞻卬昊天，则不我惠。

孔填不宁，降此大厉。

邦靡有定，士民其瘵。

蟊贼蟊疾，靡有夷届。

罪罟不收，靡不夷瘳。

人有土田，女反有之。

人有民人，女复夺之。

此宜无罪，女反收之。

彼宜有罪，女复说之。

哲夫成城，哲妇倾城。

懿厥哲妇，为枭为鸱。

妇有长舌，维厉之阶。

乱匪降自天，生自妇人。

匪教匪诲，时维妇寺。

鞫人忮忒，谮始竟背。

岂曰不极，伊胡为慝？

如贾三倍，君子是识。

妇无公事，休其蚕织。

天何以刺？何神不富？

舍尔介狄，维予胥忌。

不吊不祥，威仪不类。

人之云亡，邦国殄瘁。

天之降罔，维其优矣。

人之云亡，心之忧矣。

天之降罔，维其几矣。

人之云亡，心之悲矣。

觱沸槛泉，维其深矣。

心之忧矣，宁自今矣。

不自我先，不自我后。

藐藐昊天，无不克巩。

无忝皇祖，式救尔后。

《诗经》是中国最早的诗歌总集。它收集了从西周初期至春秋中叶大约五百年间的诗歌三百零五篇。先秦称为《诗》，或取其整数称《诗三百》。西汉时被尊为儒家经典，始称《诗经》，并沿用至今。《诗经》的体例是按照音乐性质的不同来划分的，分为风、雅、颂三类。风，是不同地区的地方音乐，多为民间的歌谣。雅，即朝廷之乐，是周王朝直辖地区的音乐，大部分为贵族的作品。颂，是宗庙祭祀的乐歌和史诗，内容多是歌颂祖先的功业的。《诗经》是中国现实主义文学的光辉起点。由于其内容丰富、思想和艺术上的高度成就，在中国以至世界文化史上都占有重要地位。它开创了中国诗歌的优秀传统，对后世文学产生了不可磨灭的影响。

这首诗写周幽王昏愦腐朽，宠爱褒姒，以致被她专权，任用奸人，迫害贤才，终于招来了国家大乱。在一定程度上揭露了西周末年的黑暗政治，反映了统治阶级内部的残酷斗争。诗人是位宗室贵族，他对国家危亡和本阶级内部的争夺忧心忡忡，希望周王挽回局势，救救后代。此诗直斥褒姒"为枭为鸱"，是"长舌妇"，毫无顾忌，大约作于东周建国初。

全诗七章。首章说老天爷降下灾祸，国不安宁，士人严重地受到苛政的危害；次章说下层贵族的土地、奴隶被当权者夺取；第三章说国家的祸乱是由于褒姒干预朝政造成的；第四章承上申述妇人应从事蚕织，不应当过问国政；第五章指责周幽王作为不善，贤才受害，国家濒于危亡；第六章承上说天降下灾祸，自己忧愁万分；第七章希望继承者光复

祖业，为子孙造福。

## （三）《十五夜观灯》

### 十五夜观灯

唐·卢照邻

锦里开芳宴，兰红艳早年。

缛彩遥分地，繁光远缀天。

接汉疑星落，依楼似月悬。

别有千金笑，来映九枝前。

新正元旦之后，人们忙着拜节、贺年，虽然新衣美食，但是娱乐游赏的活动却比较少。元宵节则将这种沉闷的气氛打破，把新年的欢庆活动推向了高潮。绚丽多彩的元宵灯火好像是点点的繁星坠地，靠楼的灯光好似明月高悬。为这节日增光添彩的，当然还少不了美丽姑娘的欢声笑语。这里千金笑是用的周幽王千金买褒姒一笑的典故。宋祁的《玉楼春》中也有"浮生长恨欢娱少，肯爱千金轻

一笑"的语句。还有红楼梦里有一回是
《撕扇子作千金一笑》也是用的此典。

## （四）其他

在当代，也广泛出现了很多描写褒
姒的诗词。

褒　姒

天生丽质本情长，

因遇痴迷转作殃。

不笑只缘忧世道，

无辜偏选入宫墙。

声传缯帛原臣佞，

烽举骊山乃帝狂。

继后几经移国祚，

倾危岂尽属红妆。

这首诗就其涵义上比较浅显，内容
颇为丰富。短短几句就记录了当年褒姒和
周幽王的重要事件。前两句写褒姒的美
丽和被迫入宫。后两句写周幽王为了得到

美人一笑运用的各种措施，包括烽火戏诸侯的事情，最后终于导致亡国。但是诗中并没有把亡国的罪名强行加给褒姒。比较客观地说明了亡国的真实原因。

还有模仿屈原的《楚辞》而写的慨叹褒姒的诗词：

褒　姒

女夭兮哟哟，美目兮流盼。

朝发兮紫菱，沐素丝兮纯粹。

折若木兮拂日，师云霞兮而斑陆离。

顾美兮望以魂消，解玉佩兮欲与之好。

吾以钰襄兮求之以媒赁，抚长剑兮鸣结言。

吉日兮辰良，君欣欣兮而众乐康。

杂琼席兮赐以姣服，戮锵鸣兮琳琅。

调清音兮繁杂，尊桂酒兮琼浆。

紧箫瑟兮交鼓，声糜糜兮娱人。

沐兰汤兮浴芳，长太息兮盼日暮。

求美一笑兮而帝烽缯，将举长剑兮射天狼。

者冥冥兮以落，美人美人兮何在？

整首诗的风格十分清新柔美，能写出褒姒"精妙世无双"的体态外貌，对衣着服饰也有详细的描绘。在整首诗里，周幽王也被化身为一个多情的士子，写出了周幽王与褒姒相好的过程，十分细腻真挚。最后写为求美人一笑烽火戏诸侯的事情，家国亡灭，美人亦不在，作者也就此发出了感慨。

# 五、褒姒真的为"红颜祸水"吗

## （一）红颜祸水

在中国历史上，流传着这样一句话，也有不少人把它奉为圭臬，还尊之为历史的规律，"红颜祸水，倾国倾城"。一提到这便可一口气数个不停：夏亡于妹喜；商亡于妲己；西周亡于褒姒；吴亡于西施；秦以吕易嬴，赵姬之功；唐衰于杨玉环；明亡于陈圆圆；清败于太后慈禧。

其中褒姒榜上有名，但在历史上广为传唱的还是前三位，妹喜和妲己与褒姒的经历有着太多的相似之处，让我们先了解一下前两位，以便对"红颜祸水"这一群体有个清晰的认识。

妹喜是夏桀王的宠妃，有施氏之女。夏桀攻打有施氏这个部落，有施氏把妹喜献给他，妹喜不仅绝色美艳，而且能言善语，妖冶妩媚，令夏桀神魂颠倒，视之如掌上明珠，不仅专宠妹喜，而且还将她尊为王后。夏桀的全部心思几乎都花在了她的身上。妹喜也由于得到君王的宠幸，而越发娇嗔放纵。妹喜好听撕缯之声，夏桀就倾国库以满足她的欲望，令人抱来大量绢帛，一匹一匹地撕给她听，以讨其欢心。夏桀搜刮民脂民膏，为妹喜作琼宫瑶台，并放虎入市。妹喜见到如此惊心动魄的场面，心花怒放，夏桀见她开心，经常如此做。夏桀赋敛无度，百姓不堪忍受。商汤趁机伐

夏，夏桀败走河南鸣条，与妹喜同舟泛江，逃奔安徽巢县，死于山中。历代均认为：妹喜对夏桀的淫欲暴虐，起了推波助澜的作用，她以投其所好博得夏桀的欢心，又以百般迎合保住宠位，她使夏桀如痴如狂，纵欲无度，最终成为中国历史上第一个亡国之后。

姐己这个女人是随着《封神榜》的流传而为人所熟知的。《封神榜》上说她艳如桃李，妖媚动人，是千年狐狸精幻化成人，蛊惑纣王荒淫误国。传说姐己为罪魁祸首，具体的事实约有这么几条：纣王宠爱姐己，唯其言是从。为博取姐己欢心，商纣王专门让乐师师涓演奏歌曲，让宫女们跳姐己特别喜欢的北里之舞。苏姐己怂恿纣王造鹿台，为琼室玉门，厚赋税，以填充造鹿台用去之财，以酒为池，悬肉为林，为长夜之饮，还唆使纣王酷刑杀人。严冬之际，姐己遥见有人赤脚走在冰上，认为其生理构造特殊，

而将他双脚砍下，研究其不怕寒冻的原因。妲己目睹一孕妇大腹便便，为了好奇，不惜剖开孕妇肚皮，看看腹内究竟，枉送了母子二人的性命。妲己怂恿纣王杀死忠臣比干，剖腹挖心，以印证传说中的"圣人之心有七窍"的说法，结果什么也没能看得出来。种种罪行可谓罄竹难书。当然最终导致商王朝灭亡。

千百年来，人们常常用夏朝的妹喜、商朝的妲己、周朝的褒姒来形容"红颜祸水"，她们之所以被比做"祸水"，不是因为她们的美貌，而是因为喜欢她们的男人最终使得江山沦落。

## （二）王道衰微

周朝的前期的确是繁盛强大的。但"成康盛世"后，西周开始由强盛转向没落，衰败的迹象十分明显。

南方的楚国，在西周初年就已经存

在，表面上臣服于周王朝，服从王室的命令，定期向周王室贡献物品。可是，周王室总是以蛮夷视之，非常看不起楚国，这当然会引起楚国的强烈不满。成王时，由于王室力量还很强大，楚国只是暗地里积极发展自己的力量。成王以后，周楚之间的矛盾日趋激烈，时常发生战争。

昭王时发动大规模的南征荆楚的行动，最初取得了胜利，最后却败于楚军之手。在最后一次伐楚之战中，周军乘坐了楚人用胶粘连的船只，结果船只一到水的中流便解体沉没，全军覆灭。从此，西周开始衰微了。

穆王没有得到犬戎的礼遇，一气之下，便要发动对犬戎的战争。周朝对西方的少数民族一贯都坚持怀柔政策。可是穆王不顾传统政策，大举出兵。结果这场战争不仅没有取得胜利，反而使许多周边的部落脱离了王室的控制，严重

损害了周王室的声望。

后来安徽山东一带的少数民族也不断强大起来，起兵对抗周王室，以摆脱周的控制。要求取得独立或半独立地位的诸侯国日渐增多，周天子的最高地位不断受到冲击，开始动摇起来，王室更见衰微。

第一章里提到的那个厉王，本意是想进行改革，增加王室的财政收入，从而扼制已趋衰微的局势。但是，他所采取的方法不得体，没有制订合理的计划，出现问题后又武断地采取暴力，以武力来压制人民的反抗，结果适得其反，引发了一场浩大的暴动，就是历史上有名的"国人暴动"。经过这场暴动，周王朝的统治更是岌岌可危，赫赫宗周从此江河日下。

宣王时，曾经平定各方叛乱，并以周朝的制度为准绳，划定国界疆土，其影响直达南海，一时间呈现出四海升平的安定局面。然而，这种中兴的景象不过是昙花一现。连年的南征北战消耗了王朝内部的力量，到宣王晚年，本已存在的衰落国势进一步衰落，诸侯的离心倾向在继续扩大。

经历了一个长期的衰落过程，然后才是幽王接班。周王朝走向灭亡的祸根早就埋下了，这和褒姒有必然的联系吗？答案显然是否定的。但是，周王朝的灭亡却是在幽王和褒姒的时候，并不能说他们没有责任。不过责任还有个大小的问题，那我们得好好了解幽王这个人。

### （三）自掘坟墓

一代"中兴明主"周宣王崩逝。临死之前，他遗命老臣尹吉甫、召虎等人，辅助太子宫涅继续中兴周室大业。

可是，即位后的太子宫涅并没有采取改革政治、复兴王室的措施。在他当

了天子之后，整天沉迷于声色犬马、吃喝玩乐之中，根本不理政事。尤其过分的是，他的母亲，也就是宣王的王后病逝，他仍然纵情于酒色，不理会他母后的丧事。召虎一怒之下，斩杀了幽王宠爱的妃子珍妃。但没想到，他因失去了一个美女比失去了母亲更伤心。这样一来，原本就隐藏于"宣王中兴"气象下的王朝危机迹象就更明显了。

幽王的岳父申侯对他的行为很担忧，就劝他："大王现在应当为我们周朝的前途着想了，不能总是这般花天酒地地生活。朝中还有那么多的国家大事等着您去处理，眼见着我们王朝一天天地衰落下去，大王可不能将周朝二百五十年的江山断送啊！"幽王自然不耐烦地说："这些我都知道，你不用多说了，我自然知道该怎么做。"过了许久，也不见他有什么举措。申侯气得又去见幽王，没想到一见他，幽王就说："你大概又是来劝

我勤政用事的吧！我不是跟你说过，我知道该怎么做。现在京城中也没有你多少事，你干脆回申国去享清福吧。"随着顾命大臣召虎、尹吉甫等人的相继去世，再也没有人来辅佐幽王，治理国事了。

众贤臣去世之后，幽王更加肆无忌惮地荒废朝政，贪恋享乐，任用佞臣虢石父、尹球等人。这些人勾结朝中其他官僚，成天不干正经事，不理国家大政，不顾国家前途。

幽王二年，关中地区发生了一起强烈地震，出现了山崩地裂，伊水、洛水、黄河干枯的情况。当地的地方官很快就向幽王报告了，但幽王只是微微一笑，便道："山崩地震，不过是件很平常的事，有什么值得大惊小怪的，你们这些地方官去处理就行了，还要劳天子来过问吗？"的确，地震是一件很平常的事情，任何一个朝代，无论其兴衰与否，在各种环境中都有可能发生或大或小的

地震。但是，如果地震发生在一个较兴盛的时期，那么国家、政府就有可能进行较好的救灾工作，从而稳定人们惊慌无措的情绪，稳定自己的政治局面，不至于让人们活不下去。而这时的周王朝处在一个相对衰落的时期，本身国力就不够强盛，幽王又只顾自己享乐，而不顾人民的死活。各种内部矛盾都处于激化状态。

褒姒是在这之后，因褒珦获罪才入宫的。说褒姒使周朝灭亡，很显然是不符合情理的。但为什么都把罪责归罪于红颜呢？

## （四）历史偏见

传统社会，为尊者讳是一条天经地义的原则，体现了那个时代的伦理价值，自然，这条原则包含许多荒谬的成分，在今天看来，不可思议。

　　但在古代，又有谁会这样想，江山尽失真的是她们的过错吗？她们不过是女人，没有权力的女人，更比不了今天有社会地位的女人。在当时的社会里，她们不过是男人身边的玩物，没有权力，没有势力，和那些谗臣权贵相比，她们根本没有什么力量可以推翻男人的世界，又怎么能使国家败落呢？如果她们当时不是生在夏桀、殷纣的时代，而是生在了周文王、周武王的时代，那么还会有人去说是因为她们所以才出现了"武王伐纣"之说吗？古人常说"罪好之者而并罪色"，是说好色（喜欢美丽的女子）乃是人之常情，好之以礼，也是天经地义

而无可非议的。有谁不喜欢好看的人与物呢？但是好之不以礼，荒淫无耻，纵欲无度，乃至丧家亡国，又怎么能把这些责任归咎于女人的罪过呢？

一切都在于男人的品德。"君有德，奸化为贤；君无德，贤化为奸"。如果一个男人的品德高尚、分辨是非清楚，那他身边即使有妲己、褒姒这样的女人，也会被他所感染；如果一个男人的品德就不高尚，不能分辨是非，即使身边有了像姜皇后、唐朝的长孙皇后等这些贤德的女子，他的江山事业也不会顺利到哪里的。所以说，不管妲己也好，褒姒也好，并不是她们有什么错，而是遇人不淑，没有遇到一个贤明有道德的男人，所以并不能怪她们。周文王、周武王的时代之所以出现了许多贤明的人，那是因为有了品德高尚的君王，并不是没有美貌如花的女人，所以女人的好坏在于男人。

古人常以佩带美玉来彰显自己的德行，夏桀亡国的时候带着自己喜欢的美玉投奔了一个边塞小国，殷纣亡国的时候浑身上下带满了美玉而自焚，难道我们说他们是因为美玉而亡国的吗？为什么自古就没有人提出这条观点呢？所以说，夏桀、殷纣亡国不在于美玉，更不在于女人，只是他们没有品德可以服众，没有能力可以领导国家，所以才导致了亡国的，这关妲己、褒姒什么事呢？

所以说妲己、褒姒没有错，"红颜祸水"更是谬论，不过是把男人因为没有能力所犯的错归咎到女人的身上，不过是为自己的无能找借口，不过是为帝王隐讳而嫁祸于人。

### （五）真假褒姒

一直以来，与褒姒联系在一起的总是"亡国妖妃""红颜祸水""狐狸精"之类的狠毒字眼，好像她的罪行罄竹难书。在《史记》中，关于褒姒的身世扯得很远，很玄。目的是想证明，褒姒其实不是人，而是妖精。她是龙的唾沫化作龟鳖，附着在一个宫女身上，制造出的一个妖孽。而这个妖孽的出现注定了周的灭亡。这就是典型的"妖魔化"，古人搞垮搞臭某个人的惯用伎俩。这不是真实的褒姒。

如果抹去刻意的"妖魔化"，褒姒其实有着悲惨的身世，也算是个苦命女子。她一降生就被视为怪物，自己的亲生母亲也因为她而被处以极刑。用现在的话说，在她来到人间的那一刻起，就是一个没有妈的孩子。一个没有任何意识的孩子，也因为离奇的经历遭遇杀生之祸，被抛于清水河之中。幸好水中鱼儿纷纷游来将她托起浮出水面。一个男子因妻子卖桑木被抓，伤心地来到清水河边，看到她被鱼儿托着，吃了一惊，惊诧之余将她救起，并带回褒国抚养。

生长在以卖桑木为生计的家庭，可见其日子过得并不是很富裕。后来因为被人看重，被养父卖给了别人，自己的命运就像浮萍一样，没有一个安定的根。经过一番精心包装，又被人送到宫中，作为一个礼物或者说是一个交易品而献给了周幽王。幽王好色成性，见褒姒乌青的发丝盘起一个月牙形的髻，青翠似水的玉簪插在髻上，美眉明目，指排削玉，红唇更是娇艳欲滴。耳上还有一对珍珠耳坠，柔光四溢。幽王不禁大喜，立刻封褒姒为王妃，对其宠爱有加。但谁又会知道这如花如月的美艳容貌下藏着一颗苍老枯竭的心。

而周幽王像中了蛊似的迷上了褒姒，绞尽脑汁想博得美人一笑，但是褒姒也跟铁了心似的，冷酷到底，就是不笑。于是，后来就有了那出"烽火戏诸侯"的闹剧。

褒姒的最大不幸就在于遇到了一个

昏君。但是很多人却认为是褒姒导致了周幽王的昏庸。其实不然，在褒姒进宫之前，周幽王已昏庸无道。他不理朝政，沉迷于吃喝玩乐，荒淫无度，听信谗言，打击忠臣。再说，周幽王宠不宠爱她，她并不能主宰。想想褒姒这一生，其实充满了不幸。出身贫寒，由人买卖，受人摆布，之后又被送进深宫，与昏君作伴。如此凄惨的经历，她能笑得出来吗？而在最后，犬戎攻入西周，此后杳无音信，生死未卜，结局实在是悲惨。

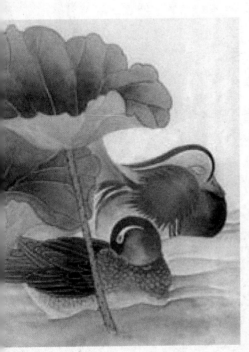

褒姒走了，走进了历史。有人认为她和妲己一样是"红颜祸水"，也有人说褒姒虽然"祸国"，却不像妲己那样"殃民"。其实，她就是一个普通女子，却成为一段历史的终结者。可是，她何尝不是历史的缔造者呢？没有毁灭，哪来新生？一个腐朽的社会，存之何用？如果这是一汪绝望的死水，索性泼它个破铜烂铁！